Leselöwen

Eva Hierteis

Ein Fall für die Mädchenbande

Illustriert von Carola Sturm

In diesem Buch sind ein
paar Wörter **fett** gedruckt.
Auf den Seiten 56 und 57 findest
du spannende Erklärungen
zu diesen Begriffen.

Inhalt

Das Zimtschnecken-Rätsel 6

Auf stinkiger Spur 14

Haltet den Dieb! 23

Mädchenclub mit Ausnahme 37

Das Zimtschnecken-Rätsel

Luisa, Vivi und Mara sind
die **Zimtschnecken**.
So heißt ihr Mädchenclub.
Luisas Bruder Flo
lässt sie nämlich nicht
in seinem Detektivclub
mitmachen.

Weil sie Mädchen sind.

Fies!

Manchmal nennt er sie Zimtzicken.

Sehr fies!

Dabei ist „Zimtschnecken"

der beste Name der Welt.

Die sind leckerschmecker und
gehören zu jedem Clubtreffen dazu.
Nur heute gibt es keine.
Denn die Zimtschnecken sind weg!
Luisa starrt auf die Bank,
die ihr Hauptquartier ist.

Da lagen sie doch gerade noch!

„Wer war das?", fragt Mara.

„Ein gemeiner Dieb!", ruft Vivi.

„Da fallen mir nur zwei ein",

meint Luisa. „Mir nach!"

Luisa reißt die Scheunentür auf.

Das ist ein tolles Hauptquartier,

was die Jungs da haben!

So eines hätte sie auch gern.

„Gebt's zu", ruft sie. „Ihr habt

unsere Zimtschnecken geklaut!"

„Hä? Nö." Flo schüttelt den Kopf.

„Ehrlich nicht",
beteuert sein Freund Tim.
„Wer denn sonst?", motzt Vivi.
„Keine Ahnung", brummt Flo.
Luisa glaubt ihm kein Wort.
„Du lügst", faucht sie wütend.

„Nein", sagt Flo.

„Doch", sagt sie.

Geschwister eben.

Dann leuchten Flos Augen auf.

„Aber wir finden es heraus!"

Er klatscht mit Tim ab.

Sie wittern einen Fall. Den ersten!
Schon schnappen sie sich
ihre Detektivausrüstung
und rennen los –
und Luisa, Mara und Vivi hinterher.

Auf stinkiger Spur

Tim sperrt den Tatort

mit rot-weißem Plastikband ab.

Flo macht Fotos.

Mit Lupen untersuchen sie alles.

Flo auf der Bank und Tim darunter.

Doch von den Zimtschnecken

fehlt jede Spur.

„Pfui Spinne!", ruft Tim plötzlich.

Ihm klebt etwas am Knie.

Flo kommt mit seiner Lupe.

„Was ist das?", murmelt er.

Vivi grinst. „Kacka", sagt sie.

„Das erkenne ich auch ohne Lupe."

Tim schüttelt sich wie wild
und schlackert mit dem Bein.
Im Gras liegen noch mehr **Köttel**.
Rund und hübsch und dunkelbraun.
Flo sammelt sie in eine Tüte ein.
„Beweisstück A", schreibt er darauf.

Er sagt: „Kombiniere, kombiniere,
das waren irgendwelche Tiere."
„Nur welche?", murmelt Mara.
„Das kriegen wir schon raus",
sagt Flo und hebt den Zeigefinger.
„Und zwar mit einem Kot-Vergleich!
Was ist, kommt ihr mit?"

„Das ist eine echt heiße Spur",
schiebt Tim noch hinterher.
Die Mädchen schütteln den Kopf.
„Das ist eher eine stinkige Spur",
kichert Luisa.
Und Vivi ruft den beiden hinterher:
„Immer schön der Nase nach!"

Die Mädchen machen sich
natürlich auch auf die Suche.
Als sie um die Hausecke biegen,
stutzen sie. Oje!
Das halbe Kräuterbeet
ist abgefressen und zertrampelt.

Und in dem Durcheinander liegt
eine angebissene Zimtschnecke.
Die Freundinnen sehen sich an.
Sie sind auf der richtigen Spur!
Da hören sie ein schrilles Gackern
und sausen weiter zu den Hühnern.

Dort ist die Tränke umgestoßen.

Die Hühner rennen kopflos umher.

Der Hahn rumpelt

gegen einen Gartenzwerg.

Und mittendrin liegt:

eine angebissene Zimtschnecke!

Jetzt reicht es Luisa aber.
Wütend stürmt sie um eine Hecke
und macht leise: „Uff!"
Denn in ihrem Planschbecken liegt ...
ein wollig-wuscheliges Etwas.

Haltet den Dieb!

„Ein **Alpaka!**", haucht Mara.
„Es macht Kacka", stellt Vivi fest,
als das Tier aufspringt
und ein paar Köttel fallen lässt.

Und dann rennen alle.

Das Alpaka rennt davon.

Die drei Freundinnen hinterher.

„Haltet den Dieb!", schreit Luisa.

Denn das ist ja wohl sonnenklar.

Von dem Lärm angelockt,

kommen Tim und Flo angeflitzt.

24

Das Alpaka tritt gegen einen Ball,
mitten durchs Gemüsebeet,
springt über die Hängematte
und reißt Flos Fußballtor um.
„Stehen bleiben!", brüllt Flo.
„Hier spricht die Polizei!"
„Also zumindest fast!", keucht Tim.

Dem Alpaka ist das pupsegal.

Es schlägt Haken wie ein Hase

und hopst vergnügt.

Einmal flitzt es um die Scheune,

dann auf die Wäscheleine zu.

„Achtung!", kreischt Vivi.

Zu spät.

Zack!, schon ist die Leine ab.
Socken segeln durch die Luft,
Hemden und Hosen fliegen fröhlich.
Jetzt sieht das Alpaka witzig aus.
„Wir müssen was tun!",
keucht Luisa.

„Es ist einfach zu schnell",
japst Flo.
Mara zupft nachdenklich
an ihrem **Freundschaftsarmband**.
„Äh, ich glaub, ich weiß was.
Das Alpaka ist zwar schnell,
aber dafür sind wir zu fünft."

Die anderen sehen sie fragend an.

Mara wird ein wenig rot.

„Na, wir treiben es in die Enge."

Sie schauen zum Alpaka.

Es steht vor der Scheune,

frisst Gras und spitzt die Ohren,

als verstünde es jedes Wort.

Die fünf nicken sich zu
und teilen sich stumm auf.
Die Jungen kommen von links,
Vivi und Mara von rechts
und Luisa von vorne.
Doch statt sich fangen zu lassen,
verschwindet das Alpaka.

Schwups!, ist es in der Scheune.

„Ihm nach!", ruft Vivi.

„Langsam", flüstert Mara,

„damit es keine Angst bekommt."

Sie reden leise mit ihm und

pirschen sich vorsichtig an.

Flo drängt sich vor.

„Lasst mich mal, Mädels.

Festnahmen sind Detektivsache.

Tim, hol die Hundeleine

für den Zugriff!", befiehlt er und

wedelt mit seinem Detektivausweis

vor der Nase des Alpakas herum.

„Hiermit sind Sie festgenommen,

Herr ... äh ... Frechdachs."

Das Alpaka schnuppert daran

und knabbert ihn an.

Also den Ausweis, nicht Flo.

Die Mädchen kichern.

Sogar Tim muss lachen.

Flo versucht, dem Tier
die Leine überzustülpen.
Da wird Herr Frechdachs sauer.
Wild schüttelt er den Kopf,
dass seine Ohren schlackern.
Luisa schüttelt auch den Kopf.
Alles muss man selber machen.

Sie nimmt eine Handvoll Heu.

„Schau mal", sagt sie sanft
und hält es dem Alpaka hin.

Das guckt unentschlossen.

„Mmm, lecker!", schwärmt Vivi
und frisst ihrer Freundin
einen Halm aus der Hand.

Da bekommt auch Frechdachs Hunger.

Beim Fressen schiebt er lustig

den Unterkiefer hin und her

und wird auf einmal ganz friedlich.

Mara legt ihm die Leine um

und Vivi nimmt ihm die Wäsche ab.

„Zugriff erfolgt", kichert sie.

Mädchenclub mit Ausnahme

Mit Herrn Frechdachs an der Leine
laufen sie die Dorfstraße entlang.
Dort liegt nur eine Katze
schläfrig in der Sonne.
„Ob das Alpaka hier
im Dorf wohnt?", überlegt Tim.

Vivi zuckt mit den Schultern.

„Probieren wir es einfach aus.

Linksrum oder rechtsrum?"

Doch da zieht es schon nach links.

„Hoffentlich veräppelt es uns nicht",

meint Flo und grinst.

Beim elften Haus biegt es ab.

Dort kommt ihnen

Bauer Hansen entgegen.

Den kennen die Kinder gut.

„Ja, um Himmels willen", ruft er.

„Wir haben dich schon

überall gesucht, Pako!"

Pako heißt der Frechdachs also.

„Gut, dass ihr ihn gefunden habt!"

Der Bauer nimmt ihn am Strick.

„Kommt ihr mit zur Schafweide?"

Das wollen die fünf gern.

Dort gibt der Bauer einen Klaps

auf den Alpaka-Popo. „Ab mit dir!"

Bauer Hansen seufzt.

„Was machen wir bloß mit ihm?

Er ist erst seit zwei Tagen da",

erklärt er den Kindern,

„und schon zweimal ausgerissen ..."

Alle gucken zu,

wie Pako über die Wiese tollt.

Dann stupst er ein Schaf an.

Das Schaf blökt und frisst weiter.

Pako stupst noch eins an.

Es dreht ihm das Hinterteil zu –

und frisst weiter.

Mara zupft an ihrem Armband.

Auf einmal wird ihr alles klar:

Pako hat niemanden zum Spielen.

Ihm ist langweilig.

„Pako braucht einen Freund",

sagt sie leise.

Herr Hansen sieht sie erstaunt an.

Dann nickt er. „Du hast recht.

Eigentlich soll man Alpakas

nicht alleine halten.

Aber ich habe gehofft,

eine Schafherde tut es auch."

„Kaufen Sie noch eins!", ruft Vivi.

„Au ja, bitte, bitte", betteln alle.

Der Bauer lacht. „Versprochen.

Nur so schnell geht das nicht."

„Und bis dahin", erklärt Luisa,

„sind wir drei seine Herde.

Wir sind nämlich so was Ähnliches:

ein Mädchenclub."

„Äh, Moment mal", ruft Flo.

„Wir nehmen Pako bei uns auf.

Er ist schließlich ein Junge."

„Na und? Für Alpakas machen wir

eine Ausnahme", gibt Luisa zurück.

Da kommt Pako an den Zaun.

Die beiden rupfen schnell Gras ab.

„Komm zu mir, Pako", lockt Flo.

„Nein, zu den Zimtschnecken",

locken Luisa, Vivi und Mara.

Pako guckt hin und her,

klimpert mit seinen langen Wimpern

und frisst Luisa aus der Hand.

Das ist ja wohl eindeutig!

Luisa streichelt ihn.

Vivi gibt ihm ein Küsschen und

Mara schenkt ihm ihr Armband.

„Jetzt gehörst du zu uns."

Herr Hansen lacht.

„Das ist eine ganz tolle Idee.

Und ich habe auch noch eine."

Er zeigt auf einen Baum. „Seht mal."

Spitzt da was Rotes durch die Äste?

„Was ist das?", fragt Mara.

„Das alte **Baumhaus** meiner Kinder",

erklärt der Bauer.

„Und jetzt gehört es euch.

Da seid ihr ganz nah bei Pako."

„Jippie!", jubeln die drei Mädchen.
Endlich ein tolles Hauptquartier!
Und dann auch noch direkt
beim frechsten Alpaka der Welt.
Und beim allersüßesten!
Tim und Flo sind still geworden.

„Wenn ihr lieb fragt,
dürft ihr uns mal da oben
besuchen", meint Luisa.
„Für euch machen wir
nämlich auch eine Ausnahme",
sagt Mara und wird rot.
Da grinsen auch die Jungs.

Fragen und Antworten

Verkehrt herum! Nach welchem Gebäck haben Luisa, Vivi und Mara ihren Club benannt? Kreuze an.

- ☐ Nehctörbokohcs
- ☐ Nekcenhcstmiz
- ☐ Nehcuklefpa

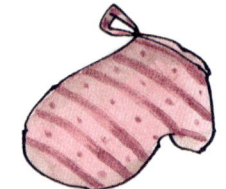

Antwort: Zimtschnecken

Wo haben die Jungs ihr Hauptquartier? Bringe die Buchstaben in die richtige Reihenfolge.

NUSCHEE

Antwort: Scheune

Womit wollen die Jungs den Dieb überführen? Trage die fehlenden Buchstaben ein.

K__T-VE__GLE__CH

Antwort: Kot-Vergleich

Wer ist der Zimtschneckendieb? Kreise ein.

Antwort: Alpaka

Wie fangen die Kinder das Alpaka schließlich?
Kreuze an.

☐ Sie werfen ein Lasso.

☐ Sie stellen ihm eine Falle.

☐ Sie treiben es in die Enge.

Antwort: Sie treiben es in die Enge.

Lies genau in Spiegelschrift. Wie heißt das
Alpaka?

☐ Rako   ☐ Pako   ☐ Dako

Antwort: Pako

Für wessen Club entscheidet sich das Alpaka?
Kreise ein.

Antwort: Für Luisas Mädchenclub

Was schenkt Mara dem Alpaka? Bringe die
Silben in die richtige Reihenfolge.

BAND   SCHAFTS   ARM   FREUND

Antwort: Freundschaftsarmband

Welche Farbe hat das neue Hauptquartier der Mädchen?

Welches Wort fehlt in diesem Satz aus der Geschichte? Kreuze an.
Jippie! Endlich ein tolles ...

☐ ... Baumhaus!
☐ ... Hauptquartier!
☐ ... Clubhaus!

Schon gewusst?

Zimtschnecken (Seite 6):

Zimtschnecken sind ein beliebtes Gebäck in Nordamerika und Europa. Ganz besonders gern mögen es die Schweden. Bei ihnen gibt es sogar den Zimtschneckentag am 4. Oktober, an dem sie die „Kanelbulle" feiern.

Köttel (Seite 16):

Köttel ist nicht nur der Name für Tier-Ausscheidungen, sondern auch ein Stadtteil der Stadt Lichtenfels in Oberfranken. Woher er seinen Namen hat, ist nicht bekannt.

Alpaka (Seite 23):

Alpakas stammen aus den Anden in Südamerika. Sie gehören zu den Kamelen und werden hauptsächlich wegen ihrer warmen und weichen Wolle gezüchtet. Als Herdentiere fühlen Alpakas sich in der Gruppe am wohlsten. Alpakas werden auch Pakos genannt.

Freundschaftsarmband (Seite 28):

Vermutlich stammen Freundschaftsarmbänder ursprünglich aus Indien. Dort legen Mädchen am Feiertag Raksha Bandhan ihren Brüdern bunte Bänder ums Handgelenk, die ihnen Glück und Schutz bringen sollen.

Baumhaus (Seite 49):

Wir kennen Baumhäuser hauptsächlich als Spielhäuser für Kinder. In manchen Gegenden der Welt lebt man aber tatsächlich in Baumhäusern. Die Korowai in Papua-Neuguinea zum Beispiel bauen ihre Behausungen bis zu 50 Meter über dem Boden. Dort oben sind sie gut geschützt vor allen Gefahren.

Blättere schnell um und trage die unterstrichenen Buchstaben in der richtigen Reihenfolge in die Kästchen ein!

Das Leselöwen-Lösungswort

Besuche den Leselöwen auf **www.leseloewen.de** und trage die unterstrichenen Buchstaben von den Seiten *Schon gewusst?* in der richtigen Reihenfolge in die magische Box ein.

Wenn du das Lösungswort gefunden hast, kommst du auf die geheime Seite mit vielen weiteren Spielen und Rätseln!

Der **Leselöwe** freut sich auf dich!

Jetzt online!

Eva Hierteis, geboren 1972, träumte schon als Kind davon, Bücher zu schreiben, kam jedoch nie über die dritte Seite hinaus.

Das hat sich inzwischen geändert. Nach einem Literaturstudium und einigen Jahren in einem Kinderbuchverlag hat sie sich endlich ihren Traum erfüllt und widmet sich ganz dem Schreiben. Sie lebt mit ihrer Familie in Nürnberg.

Carola Sturm, geboren 1965 in Berlin, war schon als Kind von Bilderbüchern fasziniert und liebte das Malen. Sie studierte Kommunikationsdesign mit Schwerpunkt Illustration. Seit 1994 arbeitet sie freiberuflich als Illustratorin und malt am liebsten für Kinder. Ihre schönsten Bild-Ideen hat sie bei langen Hundespaziergängen durch die Natur.

2. Klasse
Leselöwen
Geübte Leseanfänger

Die Nr. 1 für den Leseerfolg

ISBN 978-3-7432-1629-7

ISBN 978-3-7432-1630-3

ISBN 978-3-7432-1731-7

ISBN 978-3-7432-1753-9

ISBN 978-3-7432-1730-0

ISBN 978-3-7432-1746-1

Loewe
Das will ich lesen!

Leselöwen
LESETRAINING

Erfolgreich durch die 2. Klasse

ISBN 978-3-7432-1532-0

ISBN 978-3-7432-1430-9

ISBN 978-3-7432-1062-2

ISBN 978-3-7432-1061-5

ISBN 978-3-7432-1060-8

Loewe
Das will ich lesen!

Leselöwen

3. Klasse

Besser lesen

Die Nr. 1 für den Leseerfolg

DIE NR.1 FÜR DEN LESEERFOLG

Leselöwen 3. KLASSE

Das Duell der Wölfe

Barbara Rose · Philipp Ach

ISBN 978-3-7432-1626-6

DIE NR.1 FÜR DEN LESEERFOLG

Leselöwen 3. KLASSE

Die krasse Kicker-Klasse

Michael Petrowitz · Dominik Rupp

ISBN 978-3-7432-1745-4

DIE NR.1 FÜR DEN LESEERFOLG

Leselöwen 3. KLASSE

Aufregung im Bike-Park

Christian Tielmann · Sarah-Lisa Hleb

ISBN 978-3-7432-1627-3

DIE NR.1 FÜR DEN LESEERFOLG

Leselöwen 3. KLASSE

Wie zähmt man einen Drachen?

Vanessa Walder · Dominik Rupp

ISBN 978-3-7432-1438-5

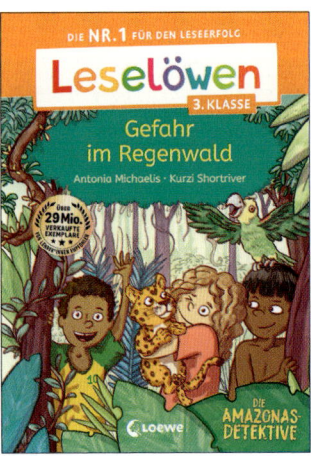

DIE NR.1 FÜR DEN LESEERFOLG

Leselöwen 3. KLASSE

Gefahr im Regenwald

Antonia Michaelis · Kurzi Shortriver

DIE AMAZONAS-DETEKTIVE

ISBN 978-3-7432-1491-0

DIE NR.1 FÜR DEN LESEERFOLG

Leselöwen 3. KLASSE

Die Ninjas und der unsterbliche Kaiser

Stütze & Vorbach · Philipp Ach

ISBN 978-3-7432-1507-8

Loewe

Das will ich lesen!